Zauberstift 5

Schreib-Spiele Nr. 5
für Kinder ab 11 Jahre

Die Geschichten von Atlantis
schrieb Eva Maria Kohl.

Die Bilder zeichnete
Erdmut Oelschlaeger.

Einmal, vor langer Zeit

5000 oder 6000 Jahre vor unserer Zeitrechnung

soll es eine Insel im Meer gegeben haben, die **Atlantis** hieß.
Es soll eine schöne und fruchtbare Insel gewesen sein.
Auf ihr regierten die Söhne des Meeresgottes Poseidon.
Poseidon hatte sich in eine Menschenfrau – die schöne Kleito – verliebt und mit ihr fünf Zwillingspärchen gezeugt.
Es waren alles Söhne, und sie wurden die Herrscher von Atlantis.
Ihre Königreiche sollen stark und die Menschen in ihnen glücklich gewesen sein.
Aber dann wurden sie habgierig und fingen an, Kriege zu führen.
Die Götter bestraften die Atlanter mit Erdbeben und Überschwemmungen.
In einer einzigen Nacht versank Atlantis im Meer.

Seither wird die verschwundene Insel gesucht.
Man sucht in den Schriften der alten Bibliotheken.
Man rüstet Tauchboote aus und schickt sie auf den Meeresgrund.
Kapitäne, an der Reeling lehnend, träumen von Atlantis:

Wie hat es ausgesehen?
Gab es dort Berge und Wälder, Seen und Flüsse?
Glänzten die Mauern der Paläste in der Mittagssonne?
Fuhren Schiffe aus den Häfen übers Meer?
Was trugen die Atlanter für Kleider?
Liebten sie Tiere?
Lasen sie Bücher?
Worüber stritten sie sich?
Was aßen und tranken sie?
Wie klangen ihre Lieder?

Niemand hat bisher Atlantis gefunden.
Dennoch ist es möglich, die Insel zu betreten.
Das Flügelpferd Phantasie trägt dich hin.

Steig auf! Flieg auf seinem Rücken dreimal drei Stunden
und eine halbe Nacht übers Meer.
Ganz hinten, dort, wo das Ende der Welt ist,
wirst du im Morgenlicht die Insel auftauchen sehen …

Luftbild der Insel Atlantis (so, wie du sie dir vorstellst):

Die Hauptstadt der Insel soll Basileia geheißen
und nicht direkt am Meer, sondern
an der Mündung eines großen Flusses gelegen haben.
Der Name des Flusses ist unbekannt.

Starke Mauern und Türme umgaben die Stadt, obwohl sie nie ein Feind bedrohte. Die Königsburg wurde aus edlen Metallen gebaut, unter anderem aus dem Metall Orichalcum, das es auf der Insel gab. Es hatte eine Farbe zwischen Kupfer und Gold.

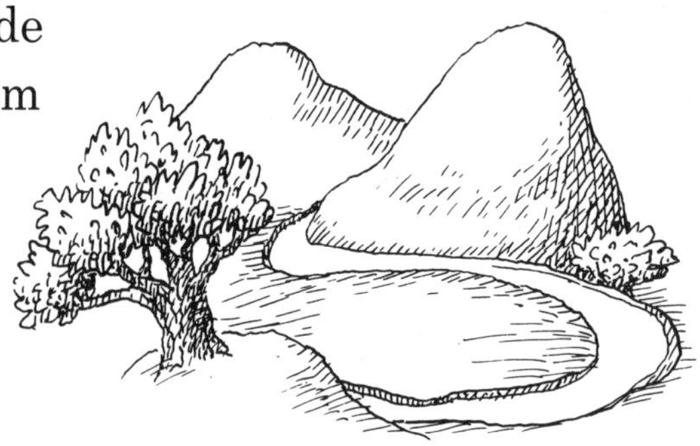

Nimm die Buchstaben dieses Metalls

O H A R L I C U M C

und erfinde aus ihnen den Namen eines Flusses !

____

Jetzt schreibe hinter die einzelnen Buchstaben jeweils fünf Wörter, die auch mit diesem Buchstaben anfangen:

Ofen, oben, ordentlich, Otto, Ostern

R

I

H

A

L

M

C

U

Diese Wörter sollst du nun in einer Geschichte unterbringen, die von dem Fluß erzählt.

Meine Flußgeschichte:

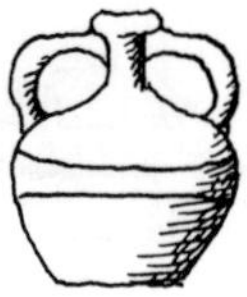

Auf der Königsburg gab es zwei Quellen, eine heiße und eine kalte.
Die eine sprudelte im Hain des Tempels.
Aus der anderen Quelle wurde das Trinkwasser für die Burgbewohner geholt. Zwei schöne Nymphen beschützten die Quellen.
Eines Nachts wurde eine der Quellnymphen, Maia, geraubt.
Neben der Quelle fand man am Morgen diese Spuren:

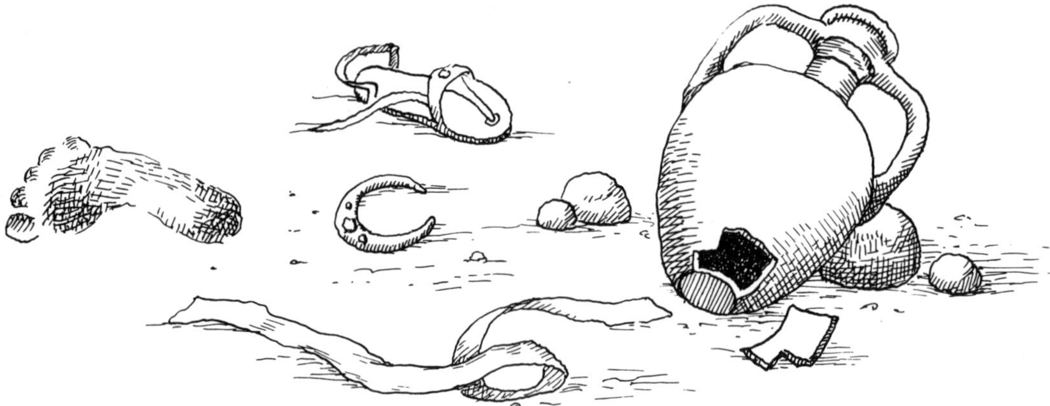

Denke dir eine Geschichte über den

Raub der Nymphe Maia aus:

Von der Tochter des Flusses Ladon,

der schönen Nymphe Daphne, wird erzählt,
daß sie vor Apollon flüchtete, der schrecklich in sie verliebt war.
Um ihm zu entkommen, verwandelte sich Daphne
in einen Lorbeerbaum.

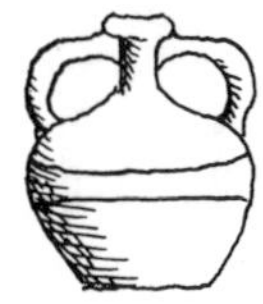

Erfinde eine Geschichte, in der Daphne später erlöst wird.

Über die ringförmigen Schutzanlagen der Stadt Basileia gibt es eine Zeichnung:

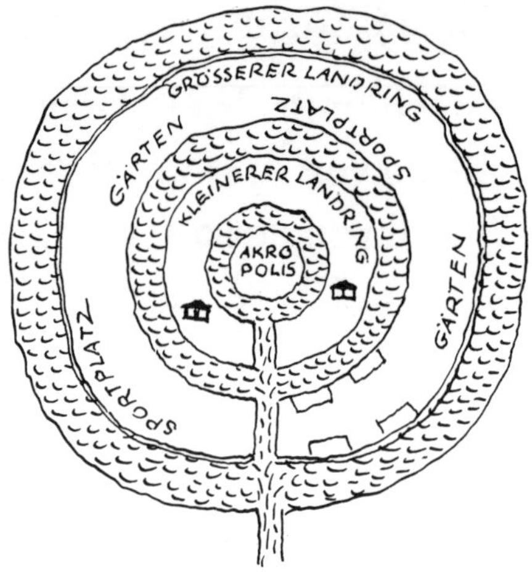

Leider sind darauf nicht die schönen

Brücken von Basileia

zu erkennen. Sie waren nicht nur besonders geformt, sondern sollen auch klangvolle Namen gehabt haben.

Vielleicht diese: Gute – Nacht – Brücke
Brücke des taubenfarbenen Morgens
Schluckaufbrücke
Brücke des unendlichen Liedes
Siebenwetterbrücke
Zickzackbrücke

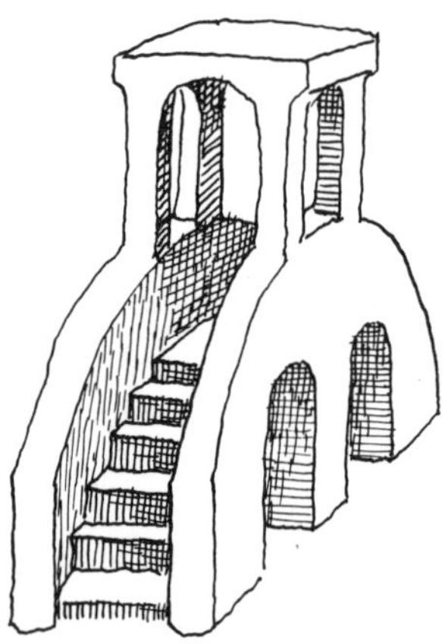

So sieht meine Lieblingsbrücke aus:

Die Geschichte meiner Brücke:

In den Gärten von Atlantis soll es wunderbare Pflanzen und Blumen, seltene Bäume und immerblühende Sträucher gegeben haben. Das Klima war mild, alles wuchs und gedieh prächtig.

Stell dir einen solchen Garten vor und versuche,

ein **Pflanzenbuch** von Atlantis zu schreiben.
Teile von Wörtern sind schon da, aber du mußt sie ergänzen, damit man sie lesen kann :

Pflanzenbuch von Atlantis

Art	Aussehen	Blüte/Frucht
	ro	
	helle Pu	herzförmige Früch
		offene
		Kalt
Götterbau		ßen mit Weihwa
		beri
	wechselt die Far	
Hol		

Auf jeder Königsburg gab es eine **weise Frau**, die aus Kräutern und Heilpflanzen Tees und Salben bereiten konnte, mit denen man Krankheiten bekämpfte.

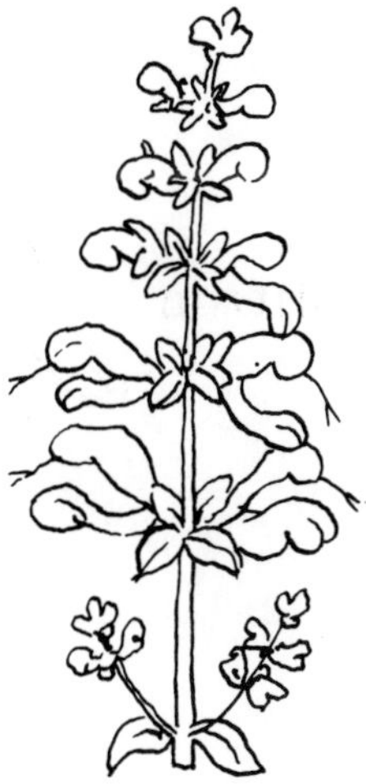

Gegen bösen Kopfschmerz

Einen Fingerhut vom Morgentau
von der Efeuranke im Mai,
Rapunzel und Rosmarin
Salbei und Aloe,
dann tut's nicht mehr weh.

Benutze Namen aus Pflanzen- und Kräuterbüchern, um auch **Rezepte** zu erfinden und gib deiner Medizin Namen.

Safran Akazienblüte
Arnika Melisse Raute
Brunnenkresse
Kamille Fenchel
Hahnenklee Lorbeer
Pomeranze Portulak
Pastinak Leimkraut
Holunderblüten
Sauerampfer Hibiskus
Fenchel Kerbel Quitte
Hagebutte Zitrone
Muskatblüte
Ringelblume Lavendel
Malven Enzian Jasmin
Orangenblüten Zimt
Honig Bitterklee
Quendel Löwenzahn
Chrysanthemenblüten
Huflattich Ginster
Ysop Veilchen
Weißdorn Taubnessel
Nektar Schlüsselblume

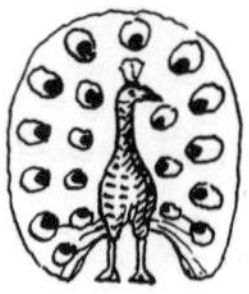

Auf der Insel lebten viele Tiere.
Durch die großen Wälder streiften Elefanten, Panther und Löwen.
Der Königsvogel Strauß schritt frei durch den Götterhain.
In der Nähe des Tempels gab es mehrere Gehege
mit seltenen Tierzüchtungen.

An den stillen Seen aber wohnten
die rosafarbenen Flamingos.
Von einem solchen Flamingo geht die Sage,
daß er in einer Gewitternacht zwischen zwei Blitzen
plötzlich seine Gestalt gewechselt haben soll ...

Denk dir eine Geschichte dazu aus.

Der verzauberte Flamingo

Eine andere Tiergeschichte

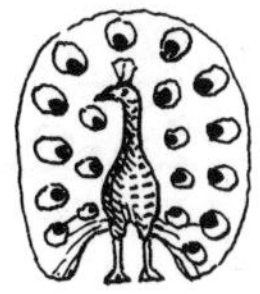

(vielleicht vom Königspfau oder einem Lieblingstier des Königs oder von der Elefantenjagd)

Am Hafen wehte immer ein leichter Wind.
Er blähte die Segel der Schiffe. Eines Tages erschien ein Schiff mit einer schwefelgelben Flagge im Hafen.
Die Flagge schien im Abendlicht zu glühen.
Zwei fremde Schriftzeichen waren darauf sichtbar.

Wie könnte die Flagge ausgesehen haben?

Am Nachmittag des zweiten Tages ging die Lieblingsnichte der Königin Kleito an Bord.
Am nächsten Morgen war das Schiff verschwunden.
Was könnte geschehen sein?

Das fremde Schiff

Gib auch diesen Schiffen Flaggen und ergänze die Angaben.
Bastle dir dazu besondere Schiffstagebücher!

Name des Schiffes:

Name des Kapitäns:

Schutzpatron des Schiffes:

Legende über dieses Schiff:

1. Schiff

2. Schiff

3. Schiff

Menschen, die auf einer Insel leben, sind auf besondere Weise mit Naturgewalten, wie Wasser und Wind, verbunden.
Sie achten auf herannahenden Sturm und beobachten die Farbe der Wolken und des Lichts.

Noch heute ist das Meer eine Quelle ständiger Vorstellungen:
Was für Tiere tummeln sich unter seiner Oberfläche?
Wer wohnt auf dem Grund des Meeres?

Auf der **alten Seekarte** sind solche Meerungeheuer eingezeichnet. Du kannst die Karte weiterzeichnen.

Verwende diese **Fabelfische** für eine Bildergeschichte, in der es sehr komisch zugehen soll.

König Gadeiros, der die Randgebiete von Atlantis beherrschte, liebte kühne Seefahrten. Die Schiffsbauer fertigten für ihn eine Art Glasboot, und der König ließ sich damit ins Meer hinab. Er sah die Korallenbänke und Meeresmuscheln, er begegnete aber auch einem Riesenfisch, der war so groß, daß er drei Tage benötigte, um an dem Glasboot vorbeizuschwimmen. Beinahe hätte der Riesenfisch den König aufgefressen.

Von diesem Erlebnis erzählt ein **Lied der Atlanter.**
Du kannst weitere Strophen dazudichten.

1.
Großer König mit dem Boot
taucht hinab zum Grund,
findet eine Muschel rot,
hält sie an sein Ohr.

Refrain:
Aber, ach, da schwimmt ein Fisch
größer als der Königstisch,
schnappt die Muschel,
will das Boot,
beinahe wär' der König tot!

2.

____

____

____

____

____

____

____

____

____

Auf den Meeresklippen saßen die Sirenen.
Diese vogelartige Wesen betörten vorüberfahrende Fischer mit ihrem Gesang so sehr, daß ihre Boote an den Klippen zerschellten.

Es gab aber unter den Sirenen eine, die nicht mehr töten wollte.
Sie verliebte sich in einen Menschenmann und wollte mit ihm leben.

Kannst du dir eine Liebesgeschichte für die beiden ausdenken?
Dann müßtest du auch schreiben, woran man wirkliche Liebe erkennt.

Für die Sirene kannst du einen Sirenen-Namen verwenden:
Leikosia (die Weiße), *Ligeia* (die Laute),
Parthenope (die Mädchenstimme), *Himerope* (sanfte Stimme),
Thelxiepeia (Zauberrede), *Aglaopheme* (süße Rede)

Regelmäßig, alle vier bis fünf Jahre, trafen sich die königlichen Herrscher von Atlantis zu Beratungen und hielten Gericht.
Der Tag verlief immer nach dem gleichen Ritual.
Erst wurden Stiere gejagt, die frei im Tempelbezirk weideten.
Dabei durften keine Waffen benutzt werden, nur Stäbe und Schlingen.
Nach dem Tieropfer gab es ein langes Festmahl.
Wenn die Sonne unterging und es Nacht wurde,
kleideten sich die Könige in azurblaue Roben und hielten Gericht.
Die Urteile wurden auf goldenen Tafeln verewigt.

Stell dir vor, du müßtest Gericht halten und ein Urteil fällen.

Gerichtsfall Nr 1: Marius soll in der letzten Monddekade einen Weihwasserkrug aus dem Tempel gestohlen haben. Scherben des Kruges wurden neben seiner Türschwelle gefunden. Er bestreitet die Tat und verdächtigt statt dessen seinen Nachbarn, einen gewissen Talus, erster Wagenlenker im Palast.

Urteil: ______________________________

____

____

Gerichtsfall Nr. 2: (erfinde selbst einen „Fall" und gib ihn weiter, damit ein anderer/eine andere das Urteil fällen muß)

Urteil: ______________________________

____

____

Auch die Gesetze der Atlanter waren auf Tafeln gemeißelt und für alle Atlanter verbindlich.
Stell dir vor, du solltest die sieben wichtigsten Gesetze für dein Land aufschreiben.

Welche würdest du für wichtig halten?

1. Gesetz ______________________________

____

2. Gesetz ______________________________

____

3. Gesetz ______________________________

____

4. Gesetz ______________________________

____

5. Gesetz ______________________________

____

6. Gesetz ______________________________

____

7. Gesetz ______________________________

____

Wenn es eine **Bibliothek** in Atlantis gegeben haben sollte, so bestand sie vermutlich aus Tontafeln, in die Schriftzeichen geritzt waren. Wäre die Kunst des Buchdrucks erfunden gewesen, hätte es bestimmt Gedichtbände, Kochbücher, Arzneibücher, Lexika oder Schulbücher gegeben.

Welche Bucharten gibt es noch?

____

____

Auch Spiele sind Zeugnisse der Kultur eines Volkes.
Erfinde ein Spiel mit einer genauen Spielanleitung – zum Beispiel ein „Geduldspiel“ für Anfänger.

Spielanleitung: ______________________________

____

____

____

____

____

Fülle das Buch der Bilderrätsel.

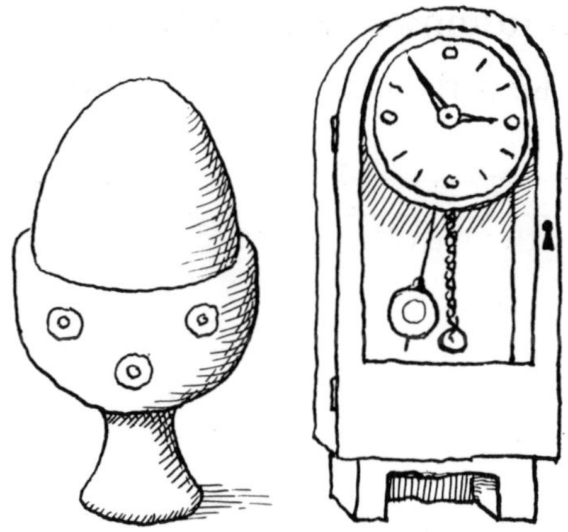

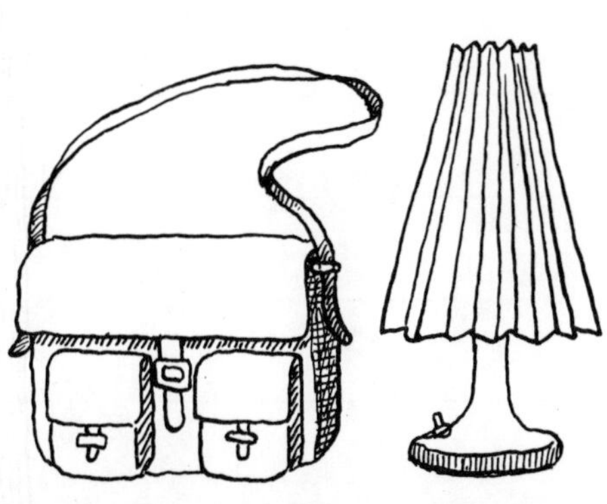

In den Tempeln von Atlantis gab es Bildtafeln,
auch sie sind verlorengegangen.
Angenommen, zwei wären gerettet worden –
was könnte auf ihnen dargestellt sein?

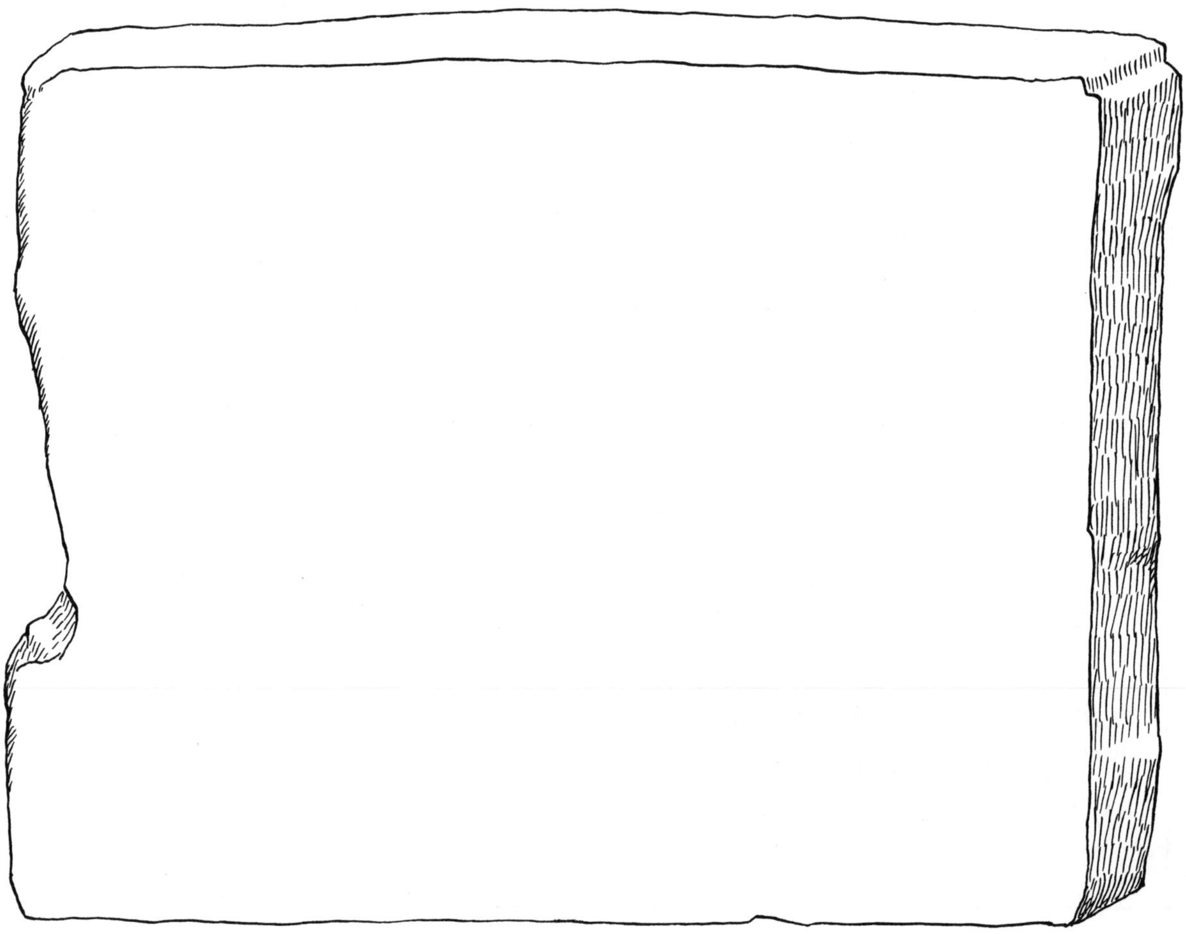

Das Deckengemälde des Sonnentempels wurde bei einem Brand so schwer zerstört, daß nur noch Fragmente sichtbar sind.

Versuche, sie wieder zu einem Bild zu vervollständigen.

Orakel sind Prophezeiungen, die von Göttern oder sehr klugen Leuten, sogenannten „Sehern“, über bevorstehende Ereignisse gemacht werden. Sie sind immer ein bißchen verschlüsselt formuliert und hören sich geheimnisvoll an.

Dörte hat eine lange Geschichte über das Orakel von Atlantis geschrieben, hier ist ein Kapitel daraus:

Geheimnis

Nach dem Yoga fragte ich Tulimavi, ob er mich noch begleite. Er war einverstanden. Tulimavi war Prophet. Er war blind, aber vielleicht wußte er gerade deshalb so viel. Er sah die Dinge mit seinem inneren Auge. Als wir auf meinem Balkon saßen, merkte ich gleich, daß ihn etwas bedrückte. Ich dachte mir: Wenn er will, daß ich es weiß, wird er es mir schon sagen. „Atlantis wird Vergangenheit, aber ohne Zeit und Schmerz, und wir werden erst geboren …“ Das waren Tulimavis einzige Worte an diesem Abend. Und ich muß zugeben, ich verstand die Bedeutung nicht. Noch als er gegangen war, grübelte ich darüber nach.

Dörte, 6. Klasse

Versuche, Orakel zu formulieren, die zum Schicksal von Atlantis passen könnten.

Im höchsten Berg von Atlantis soll es
einen versteckten Gang gegeben haben, durch den man
in ein **unterirdisches Labyrinth** gelangte.

Der Weg war in einem Brief beschrieben, den ein alter Mann
in einer Schatzkiste aufbewahrte.
Niemand hat ihn bisher lesen können – nur deine Phantasie kann
das Papier sichtbar machen und dir den Weg in den Berg öffnen …

Zeichne und beschreibe eine **Wegkarte zum Labyrinth**.

Stefan hat sich eine Geschichte über den Untergang von Atlantis ausgedacht.

Die versunkene Insel

Es war im Herbst, die kleinen Inseln warfen gespenstische Schatten über das Wasser. Wir kauerten nebeneinander in der Höhle. Es war ein kalter Morgen. Der Nebel zog über die See. Ich fing an, diese Geschichte zu erzählen:
Es war vor vielen Jahren. Die Sonne stand hoch am Himmel. Ich ging, oder besser schlenderte, durch die Straßen von Atlantis. Ich hatte das seltsame Gefühl, daß etwas passieren würde. Der Weg zu den Thermen war nicht weit, aber ich ließ mir Zeit, ich mußte nachdenken. Am Denkmal des Königs traf ich Lucius. Er war Gelehrter an der Universität. Er war ebenfalls auf dem Weg zu den Bädern und erzählte mir, daß eine Katastrophe bevorstünde. Er hatte es in einer alten Schriftrolle gelesen.
Wir waren gerade am Badehaus angekommen, als die Feuerglocke zu läuten begann. Ich wußte, daß der Moment, den ich schon seit dem Morgen fühlte, gekommen war. Ich zog meinen Freund zum Hafen. Es wehte kein Windchen und wir mußten stark rudern. Kaum waren wir aus der Hafeneinfahrt heraus, fühlten wir ein leichtes Beben, das stärker und stärker wurde. Gleich darauf hörten wir, ich wage es kaum auszusprechen, Schreie! Markerschütternde Schreie! Die Insel brach auseinander und versank im Meer. Es gab eine Flutwelle, und als diese sich gelegt hatte, war die Insel verschwunden.
Es gab kein Atlantis mehr.
Außer uns gab es keine Überlebenden.
Als wir wieder aufwachten, fanden wir uns hier wieder …

Stefan, 6. Klasse

Stell dir vor, du wärst Botschafter eines fremden Reiches gewesen (wie hieß es?) und hättest eine Zeitlang in Atlantis gewohnt. Du hast es nicht mehr geschafft, dich von der Insel zu retten, als sie unterging. Aber deine Aufzeichnungen gingen, verpackt in einer schweren Eisenkiste, mit dem letzten Postschiff aus dem Hafen.

Die Kiste wurde nach Tausenden von Jahren von Tauchern geborgen. Die Taucher konnten lesen, was du über Atlantis berichtest – über die Natur der Insel und die Politik der Bewohner – aber auch, wie du die Anzeichen des nahenden Unheils beschreibst.

Die Botschaft von ____________________

Zur Lage der Insel

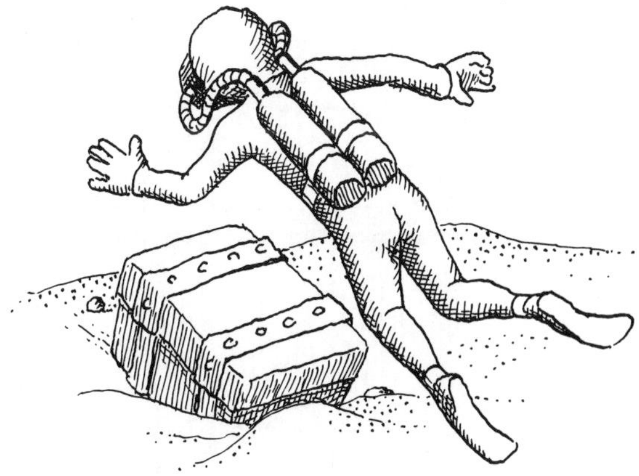

Über die Kultur

Eigentümliche Vorkommnisse

Soeben hast du ein **Reisebüro** mit einem Unterwasserangebot eröffnet. Man kann bei dir Reisen nach Atlantis buchen.
Was bietest du den Reisenden an?

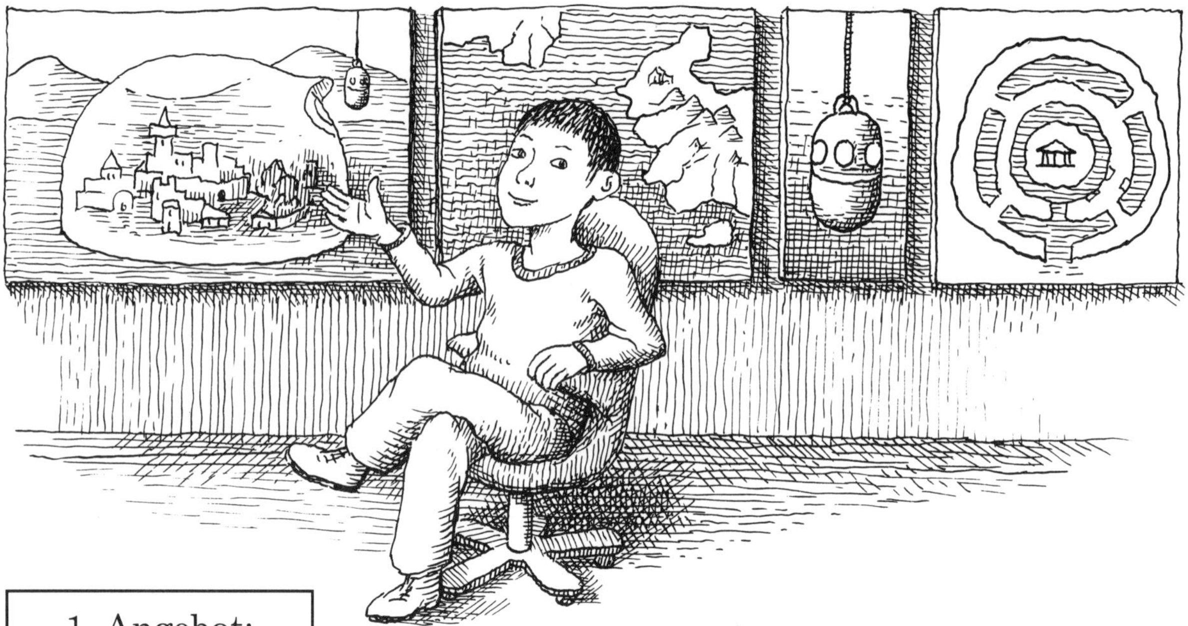

1. Angebot:
Hochzeitsreise

2. Angebot:
Bildungsreise

3. Angebot:
Single – Reise

4. Angebot:
Kinderreisen ohne Eltern

5. Angebot:

Inhalt

Textquelle für Atlantis:
fragmentarisches Kapitel aus dem Buch „Kritias" des griechischen Philosophen Platon; daraus die Namen Basileia, Poseidon, Atlantis, Gadeiros, Kleito

Andere überlieferte Personen der antiken Mythologie:
Maia: Quellnymphe; Daphne: Baumnymphe;
Sirenen: vogelartige Wesen, die Schiffern Unglück bringen

Alle übrigen Personen und Vorgänge sind frei erfunden.

ISBN 3 – 06 – 100695 – 8

1. Auflage
5 4 3 2 1 / 98 97 96 95 94
Alle Drucke dieser Auflage sind unverändert und im Unterricht parallel nutzbar.
Die letzte Zahl bedeutet das Jahr dieses Druckes.

Printed in Germany
Redaktion: Martina Scrock
Einband und Illustrationen: Erdmut Oelschlaeger
Layout: Marion Röhr
Druck und Binden: DBC Druckhaus Berlin Centrum